MINISTÈRE DE LA GUERRE

EMPLOIS
CIVILS ET MILITAIRES

ATTRIBUÉS AUX SOUS-OFFICIERS

RENGAGÉS ET COMMISSIONNÉS

Instruction du 10 mars 1886.

PARIS	LIMOGES
11, Place St-André-des-Arts.	Nouvelle route d'Aixe, 46.

IMPRIMERIE, LIBRAIRIE ET PAPETERIE MILITAIRES

Henri CHARLES-LAVAUZELLE, Editeur

1886

MINISTÈRE DE LA GUERRE

EMPLOIS
CIVILS ET MILITAIRES

ATTRIBUÉS AUX SOUS-OFFICIERS

RENGAGÉS ET COMMISSIONNÉS

Instruction du 10 mars 1886.

PARIS
11, Place St-André-des-Arts.

LIMOGES
Nouvelle route d'Aixe, 46.

IMPRIMERIE, LIBRAIRIE ET PAPETERIE MILITAIRES
Henri CHARLES-LAVAUZELLE, Editeur

1886

EMPLOIS
CIVILS ET MILITAIRES

ATTRIBUÉS AUX

SOUS-OFFICIERS RENGAGÉS

ET COMMISSIONNÉS

Paris, le 10 mars 1886.

La commission chargée, en exécution de l'article 8 de la loi du 24 juillet 1873, d'examiner et de classer les demandes d'emplois civils ou militaires formées par les sous-officiers remplissant les conditions voulues pour réclamer le bénéfice de cette loi, a remarqué, lors de ses dernières séances, que beaucoup de ces militaires sont présentés trois et quatre fois pour un emploi avant qu'il soit possible de les classer en rang utile pour la position qu'ils sollicitent.

Désireuse, avant tout, de faire bénéficier des avantages de la loi précitée le plus grand nombre de sous-officiers, la commission a dû se préoccuper de rechercher les causes auxquelles est dû cet état de choses, afin d'y porter remède, si cela est possible.

Tout d'abord, en examinant le résultat des examens subis par les candidats et surtout leurs compositions, la commission a été amenée à constater que trop souvent ces militaires considérant uniquement les avantages pécuniaires ou autres, à leur convenance, attachés, dès le début, à certaines positions civiles, portent sur ces positions leur choix exclusif, alors même qu'ils n'ont nullement le degré d'instruction voulu pour les bien occuper.

C'est ainsi qu'on voit se présenter pour percepteurs, pour commissaires spéciaux de police, pour expéditionnaires dans les différents ministères, des sous-officiers dont beaucoup sont, il est vrai, anciens de services, mais n'ont *qu'une instruction primaire très insuffisante*.

Si les prescriptions de la circulaire du 27 novembre 1884 étaient mieux observées et si les commissions d'examen ne se montraient pas trop indulgentes, en s'inspirant seulement du désir de seconder les vues des sous-officiers candidats à certains emplois, cette situation regrettable ne se produirait pas. Dans l'intérêt même des candidats en question, il vaudrait mieux leur faire comprendre qu'ils n'ont aucune chance d'être classés pour des emplois qui exigent un degré d'instruction supérieur à celui qu'ils possèdent.

Il conviendra donc, à l'avenir, d'engager les sous-officiers candidats aux emplois civils des trois premières catégories à travailler avec assiduité pour se mettre en état de subir avec succès les examens prescrits par la circulaire du 27 novembre 1884. Il existe encore d'autres candidats sur lesquels s'est portée également l'attention de la commission de classement ; ce sont ceux qui, une fois classés, attendent plusieurs années leur nomination, en raison de la rareté des vacances dans l'emploi qu'ils sollicitent, rareté résultant presque toujours des réductions budgétaires.

Pour obvier à cet inconvénient, il a été établi le tableau ci-après qui fait ressortir ceux des emplois où il se produit, chaque année, le plus de vacances, et où, par suite, les postulants seront à peu près certains de pouvoir être promptement nommés. Les sous-officiers déjà classés seront libres, d'ailleurs, de porter, dès à présent, leur choix sur celles de ces positions qui pourraient leur convenir en remplacement de celles où le très petit nombre de places disponibles et le plus grand nombre de candidats à pourvoir rendent plus difficiles les chances de nomination prochaine. Les sous-officiers qui refuseraient d'user de cette faculté se retireront tout prétexte à réclamation.

Enfin, la commission de classement a exprimé le désir que les recommandations suivantes soient portées à la connaissance de qui de droit. Il devra toujours être fourni une attestation établie par l'autorité militaire constatant que les candidats ajournés qui renouvelleront leur demande n'ont pas cessé de se bien conduire depuis l'époque à laquelle la proposition précédente a été faite en leur faveur.

Il sera, à cet effet, envoyé au ministère de la Guerre, le 31 janvier et le 30 juin de chaque année *au plus tard,* un nouveau folio des punitions de ceux des ajournés qui seront encore au service lorsqu'ils se représenteront.

Les candidats libérés devront faire passer, dans le courant du mois de mai ou du mois de décembre, une nouvelle demande d'emploi par l'intermédiaire de la gendarmerie de leur localité qui adressera cette pièce au Ministre par la voie hiérarchique en y joignant des renseignements précis sur la conduite habituelle des intéressés.

Enfin, pour les candidats *percepteurs*, l'autorité militaire, qui transmettra la demande et le dossier à l'appui, devra s'assurer *avec soin qu'une composition écrite développée portant sur les connaissances spéciales à ces fonctions* est jointe au procès-verbal constatant les résultats de l'examen professionnel.

ÉTAT NUMÉRIQUE

des vacances qui, d'après les probabilités, pourront être attribuées, en 1886, dans les divers ministères ou administrations de l'Etat, aux sous-officiers classés pour des emplois civils ou militaires, par la commission instituée en vertu de l'art. 8 de la loi du 24 juillet 1873.

(En ce qui concerne les emplois de percepteur et de commis expéditionnaires dans les administrations centrales, le nombre des candidats déjà classés dépasse celui des vacances prévues pour 1886.)

Nota. — Pour les renvois, se reporter à la page 24.

NUMÉROS des catégories.	EMPLOIS.	TRAITEMENT FIXE.	INDEMNITÉS et ACCESSOIRES.	CONDITIONS D'APTITUDE. (Pour tous les emplois, moralité irréprochable.)	LIMITE d'âge.	NOMBRE des vacances.
			Ministère des Affaires étrangères.			
4e	Gardiens de bureau.	1,200 f. à 1,800 f.	....	Très bonne tenue	37 ans.	} 2
4e	Courriers-facteurs.	1,400 f. à 1,800 f.	....	Être vigoureux et avoir une très bonne tenue	37 ans.	
			Ministère de la Justice et des Cultes. Néant.			
			Grande chancellerie de la Légion d'honneur. Néant.			
			Ministère de l'Intérieur. SÛRETÉ PUBLIQUE.			
1re	Commissaires spéciaux de police (1).	1,500 f. à 6,000 f.	Frais de bureau variant de 300 à 800 fr........	Bonne éducation, bonne tenue, habitudes rangées. Savoir rédiger un rapport. Notions élémentaires de droit ou de pratique judiciaire.	37 ans.	} 10
1re	Inspecteurs spéciaux de la police des chemins de fer (1).	1,800 f. à 2,400 f.	....	Bonne éducation, bonne tenue, bonne santé. Savoir rédiger un rapport. Autant que possible, parler une langue étrangère.	Idem.	
			Départements de l'Algérie. ADMINISTRATION CENTRALE (GOUVERNEMENT GÉNÉRAL CIVIL).			
4e	Garçons de bureau.	1,000 f. à 1,400 f.	Habillement............	Bonne tenue	37 ans.	3
			TÉLÉGRAPHIE EN ALGÉRIE (MINISTÈRE DES POSTES ET DES TÉLÉGRAPHES).			
1re	Employés de 5e classe.	1,750 f.	....	Mêmes conditions que pour les employés de télégraphe à l'intérieur.	38 ans.	8
			FORÊTS EN ALGÉRIE (MINISTÈRE DE L'AGRICULTURE).			
3e	Gardes actifs.	750 f.	Entretien d'un cheval, 500 fr. Logement ou indemnité de 200 fr. Chauffage, frais de justice, part sur le produit des amendes.	Mêmes conditions que pour les gardes forestiers à l'intérieur. (Voir à l'état du ministère de l'agriculture.) La préférence sera donnée aux sous-officiers de cavalerie pour l'emploi de garde actif.	37 ans.	23
3e	Gardes sédentaires.	1,000 f.	Indemnité de logement de 400 fr.	....	Idem.	5

1.

NUMÉROS des catégories.	EMPLOIS.	TRAITEMENT FIXE.	INDEMNITÉS et ACCESSOIRES.	CONDITIONS D'APTITUDE. (Pour tous les emplois, moralité irréprochable.)	LIMITE d'âge.	NOMBRE des vacances.
	Départements de l'Algérie (suite). POSTES EN ALGÉRIE (MINISTÈRE DES POSTES ET DES TÉLÉGRAPHES).					
3e	Receveurs de bureaux.	1,200 f. à 6,000 f.	Logement et frais de bureau selon la résidence.	Mêmes conditions qu'à l'intérieur. (Voir à l'état du ministère des postes et télégraphes.)	37 ans.	6
4e	Facteurs-boîtiers...	360 f. à 1,500 f.	Frais de tournées, 600 fr. Uniforme, 80 fr.	. . . .	Idem	6
	Ministère des Finances. DOUANES.					
4e	Préposés de 1re classe (France).	850 f.	Une indemnité variant de 50 à 100 fr. est accordée aux préposés dans les localités où la vie est chère.	Savoir rédiger un procès-verbal.	34 ans.	50
4e	Préposés de 1re classe (Algérie).	850 f.	Idem.	Idem.	Idem.	2
2e	Commis expéditionnaires (à Paris).	1,600 f.	. . . .	Idem.	37 ans.	} 14
3e	Commis (emplois subalternes (en province).	1,200 f. à 2,400 f.	Une indemnité d'un mois de traitement est accordée aux commis employés aux marais salants et dans les fabriques de soude.	Dictée française, un peu de calcul et de comptabilité.	34 ans.	
	CONTRIBUTIONS INDIRECTES.					
3e	Préposés aux sucres et autres.	1,100 f. à 1,300 f.	120 fr.	Notions de comptabilité, dictée, les quatres règles de l'arithmétique.	37 ans.	100
	MANUFACTURE DE L'ÉTAT.					
3e	Commis de culture stagiaires.	1,200 f. à 1,400 f.	Débutant comme stagiaires au traitement de 1,100 fr., ils ont, quand ils sont devenus commis de culture titulaires, une part de la va-	Bonne instruction primaire. Santé robuste.	37 ans.	3

NUMÉROS des catégories.	EMPLOIS.	TRAITEMENT FIXE.	INDEMNITÉS et ACCESSOIRES.	CONDITIONS D'APTITUDE. (Pour tous les emplois, moralité irréprochable.)	LIMITE d'Âge.	NOMBRE des vacances.
			Ministère des MANUFACTURES leur des objets saisis et de l'amende prononcée contre les délinquants.	**Finances** (suite). DE L'ÉTAT.		
			Ministère des Postes POS	**et des Télégraphes.** TES.		
4e	Facteurs à Paris...	1,000 f. à 1,500 f.	100 fr. pour séjour à Paris, 50 fr. pour indemnité de chaussures et habillement; médecin et pharmacien gratuitement.	N'être atteint d'aucune infirmité..........	37 ans.	102
3e	Receveurs des départements.	Traitement de début, 800 f.	200 fr.	Savoir un peu de comptabilité et de géographie. Bonne tenue. Connaître le fonctionnement des appareils télégraphiques (2). Versement d'un cautionnement de 800 francs.	37 ans.	185
4e	Facteurs de ville des départements.	1,000 f. à 1,500 f.	Etrennes quand ils sont pourvus d'un quartier de distribution ; habillement et indemnité pour frais de chaussure.	N'être atteint d'aucune infirmité	*Idem.*	113
			TÉLÉ	GRAPHIE.		
1re	Employés titulaires.	1,400 f. à 2,400 f.	200 fr. aux employés dans le département de la Seine.	Examen à subir; écriture, orthographe, rédaction française, arithmétique (quatre règles, fractions décimales et ordinaires), système métrique, physique et chimie (éléments d'électricité, réactions qui se produisent dans la pile), géographie. Les candidats sont examinés, s'ils le désirent, sur l'une ou plusieurs des langues suivantes : anglais, allemand, espagnol, italien, hollandais, portugais, arabe. A l'expiration du stage, qui est de six mois au moins, le candidat subit un examen après lequel, si le résultat est favorable, il est nommé employé de 5e classe.	33 ans.	200

Numéros des catégories	Emplois	Traitement fixe	Indemnités et accessoires	Conditions d'aptitude. (Pour tous les emplois, moralité irréprochable.)	Limite d'âge	Nombre des vacances
	Ministère des Postes — TÉLÉ			**et des Télégraphes** (suite). GRAPHIE.		
3e	Chefs surveillants (en France).	1,400 f. à 2,400 f.	60 fr. pour indemnité d'habillement.	Dictée, composition française, arithmétique, un peu de dessin linéaire. (Emplois à réserver de préférence aux sous-officiers de l'artillerie et du génie.)	37 ans.	4
4e	Surveillants (en France).	1,000 f. à 1,800 f.	*Idem*	Bonne écriture, aptitude aux travaux de force....	*Idem.*	6
4e	Facteurs des télégraphes des départements.	1,000 f. à 1,500 f.	Habillement et indemnité pour frais de chaussures.	N'être atteint d'aucune infirmité	*Idem.*	35
	Ministère de — JUSTICE			**la Guerre.** MILITAIRE.		
4e	Sergents surveillants dans les ateliers de travaux publics et les pénitenciers militaires (3).	1,224 f.	Première mise d'équip. de 150 fr. Prestations allouées aux sous-officiers d'infanterie.	Bonne tenue, instruction primaire.	40 ans.	40
4h	Sergents surveillants dans les prisons militaires (3).	936 f.	Première mise d'équip. 150 fr. Prestations en nature allouées aux sous-officiers d'infanterie.	*Idem*	*Idem.*	
	GÉ			NIE.		
4e	Portiers - consignes (3).	900 f. à 1,100 f.	Indemnité de première mise d'habillement, 140 fr. Logement.	Écriture assez convenable, rédaction d'un petit rapport.	40 ans.	30
4e	Caserniers en France	600 f. à 700 f.	Indemnité de première mise d'habillement, 140 fr. Logement.	Assez bonne écriture.	*Idem.*	30
4e	Caserniers en Algérie ou en Tunisie.	800 f. à 900 f.	*Idem*	*Idem*	*Idem.*	6
	ÉCOLES			MILITAIRES.		
4e	Agents subalternes	300 f. à 1,500 f. A l'École polytechnique, les gages	Habillement et nourriture	.....	37 ans.	3

Ministère de la Guerre (suite).
ÉCOLES MILITAIRES.

Ministère de la Marine et des Colonies (4)

NUMÉROS des catégories.	EMPLOIS.	TRAITEMENT FIXE.	INDEMNITÉS et ACCESSOIRES.	CONDITIONS D'APTITUDE. (Pour tous les emplois, moralité irréprochable.)	LIMITE d'âge.	NOMBRE des vacances.
		varient de 900 f. à 1,500 f., sans nourriture ; enfin à l'Ecole d'application, le traitement est aussi de 900 f. à 1,500 f., mais dans cette dernière Ecole la nourriture est accordée moyennant une réduction de 300 f.				
			PERSONNEL ADMINISTRATIF	DES DIRECTIONS DE TRAVAUX.		
3°	Ecrivains	1,100 f. à 1,200 f.	. . . .	Savoir rédiger ; un peu de comptabilité	37 ans.	6
			COMPTABILITÉ	DES MATIÈRES.		
3°	Ecrivains auxiliaires	800 f.	. . . .	Dictée française, arithmétique et géographie	37 ans.	14
			GARDIENNAGE ET	SURVEILLANCE.		
4°	Gardiens-concierges	1,000 f. à 1,100 f.	Indemnité d'habill. 80 fr.	. . . .	37 ans.	
4°	Gardiens-portiers	800 f. à 900 f.	— — 80 fr.	. . . .	Idem.	6
4°	Gardiens-concierges des bâtiments militaires aux colonies.	1,000 f. à 1,100 f.	— — 100 fr.	Aptitude à la surveillance des travaux. , ...	40 ans.	
			SERVICE PÉNITEN-	TIAIRE DES COLONIES.		
4°	Surveillants militaires des établissements pénitentiaires.	Traitement d'Europe de 1,200 f. à 2,000 f. Traitement colonial de 1,600 f. à 4,000 f.	Indemnité de première mise d'équipement, 200 fr. Logement dans la colonie. Rations de vivres dans la colonie et à bord.	. . . .	40 ans.	63

Ministère de la Marine et des Colonies (suite).

COMMISSARIAT.

NUMÉROS des catégories.	EMPLOIS.	TRAITEMENT FIXE.	INDEMNITÉS et ACCESSOIRES.	CONDITIONS D'APTITUDE. (Pour tous les emplois, moralité irréprochable.)	LIMITE d'âge.	NOMBRE des vacances.
3e	Commis............	1,400 f. à 2,500 f.	....	Examen, dictée française, arithmétique.	37 ans.	12

Ministère de l'Instruction publique et des Beaux-Arts.

INSTITUTEURS.

NUMÉROS des catégories.	EMPLOIS.	TRAITEMENT FIXE.	INDEMNITÉS et ACCESSOIRES.	CONDITIONS D'APTITUDE.	LIMITE d'âge.	NOMBRE des vacances.
1re	Instituteurs titulaires.	Traitement de début, 900 f.	Indemnités variant selon les localités.	Être pourvu du brevet de capacité. Ce brevet est délivré à la suite d'un examen passé devant une commission d'instruction primaire qui siège deux fois par an. Les matières de l'examen comprennent une page d'écriture, une dictée d'orthographe, un exercice de style, lecture du français et du latin, analyse, arithmétique et système métrique, éléments d'histoire et de géographie de la France.	37 ans.	330

ADMINISTRATION ACADÉMIQUE.

NUMÉROS des catégories.	EMPLOIS.	TRAITEMENT FIXE.	INDEMNITÉS et ACCESSOIRES.	CONDITIONS D'APTITUDE.	LIMITE d'âge.	NOMBRE des vacances.
3e	Commis auxiliaires.	1,300 f. à 1,800 f.	....	Brevet supérieur ou baccalauréat ès lettres ou ès sciences.	37 ans.	3

FACULTÉS DE THÉOLOGIE, DE DROIT, ÉCOLES SUPÉRIEURES DE MÉDECINE, DE SCIENCES ET DE LETTRES, DE PHARMACIE.

NUMÉROS des catégories.	EMPLOIS.	TRAITEMENT FIXE.	INDEMNITÉS et ACCESSOIRES.	CONDITIONS D'APTITUDE.	LIMITE d'âge.	NOMBRE des vacances.
4e	Appariteurs.	800 f.	Variable	Lire, écrire, calculer, bonne tenue.	37 ans.	6
4e	Gardiens de bureau.	800 f.	*Idem*	*Idem*	*Idem.*	

PALAIS NATIONAUX.

NUMÉROS des catégories.	EMPLOIS.	TRAITEMENT FIXE.	INDEMNITÉS et ACCESSOIRES.	CONDITIONS D'APTITUDE.	LIMITE d'âge.	NOMBRE des vacances.
4e	Surveillants des palais nationaux.	A Paris 1,100 f. et 1,200 f. ; en province 1,000 fr.	Habillement. De plus logement si c'est en province. Ceux de Paris ne sont logés que très exceptionnellement.	Instruction suffisante pour dresser des procès-verbaux, les surveillants militaires des palais étant assermentés. Validité et bonne tenue. (Emploi réservé de préférence aux anciens sous-officiers décorés ou médaillés militaires).	37 ans.	2

Ministère de l'Agriculture.

HARAS, DÉPOTS D'ÉTALONS.

NUMÉROS des catégories.	EMPLOIS.	TRAITEMENT FIXE.	INDEMNITÉS et ACCESSOIRES.	CONDITIONS D'APTITUDE.	LIMITE d'âge.	NOMBRE des vacances.
4e	Palefreniers de 2e cl.	1,110 f.	Habillement	Sortir de la cavalerie	37 ans.	20

NUMÉROS des catégories.	EMPLOIS.	TRAITEMENT FIXE.	INDEMNITÉS et ACCESSOIRES.
			Ministère de FO
3ᵉ	Gardes domaniaux..	700 f.	100 fr. de première installation. Chauffage. Les 2/3 sout logés et ont la jouissance d'un jardin.
3ᵉ	Gardes forestiers dans le service sédentaire.	900 f.	100 fr. de première installation.
			Ministère du POIDS ET
1ʳᵉ	Vérificateurs adjoints.	1,500 f.	. . . .
			Ministère des PONTS ET
1ʳᵉ	Agents secondaires des ponts et chaussées.	600 f. à 1,500 f.	Indemnité de résidence de 150 à 600 fr., allouée dans certaines localités. Frais de déplacement.
			SERVICES
4ᵉ	Gardes pêche (5)..	600 f. à 1,000 f.	Indemnité de logement de 72 à 100 fr., frais de déplacement.
4ᵉ	Éclusiers et pontiers.	400 f. à 600 f.	Logement ou indemnité de 100 à 150 fr.
4ᵉ	Gardes de navigation	550 f. à 700 f.	Idem . . . .
4ᵉ	Maîtres et gardiens de phares.	475 f. à 1,000 f.	Logement ou indemnité équivalente.

CONDITIONS D'APTITUDE. (Pour tous les emplois, moralité irréprochable.)	LIMITE d'âge.	NOMBRE des vacances.
l'Agriculture (suite). RÊTS. Savoir rédiger un procès-verbal. Arithmétique (quatre règles et système décimal).	37 ans.	110
Bonne écriture et orthographe	Idem.	10
Commerce. MESURES. Examen : arithmétique (quatre règles, fractions, proportions, système décimal), géométrie, éléments de statique. Théorie de la balance. Notions sur l'oxydation des métaux, lois et règlements sur les poids et mesures. Composition française.	37 ans.	4
Travaux publics. CHAUSSÉES. Examen devant l'ingénieur en chef : matières de l'enseignement primaire, un peu de dessin et d'arithmétique.	37 ans.	53
DIVERS	37 ans.	30
. . . .	40 ans.	60
. . . .	Idem.	15
. . . .	Idem.	14

NUMÉROS des catégories.	EMPLOIS.	TRAITEMENT FIXE.	INDEMNITÉS et ACCESSOIRES.	CONDITIONS D'APTITUDE. (Pour tous les emplois, moralité irréprochable).	LIMITE d'âge.	NOMBRE des vacances.
			Préfecture de	**la Seine.**		
			OCTROIS	ENTREPOTS.		
4°	Commis ambulants.	Traitement de début : 1,300 f.	Habillement. Indemnité de logement, 200 fr. au minimun. Remises égales au dixième du traitement.	Bonne tenue, santé robuste	37 ans.	30
			Préfecture	**de police.**		
			ADMINISTRATION	CENTRALE.		
4°	Gardiens de bureau.	1,500 f. à 1,600 f.	Habillement	Bonne tenue	37 ans.	2
			COMMISSARIATS	DE POLICE.		
4°	Gardiens de bureau.	1,300 f. à 1,400 f.	Habillement	Bonne tenue	37 ans.	2
			POLICE	MUNICIPALE.		
4°	Inspecteurs et gardiens de la paix.	1,400 f. à 1,700 f.	300 fr. pour indemnité de logement et d'habillement.	Pouvoir rédiger un rapport	37 ans.	400
			PRISONS DE	LA SEINE.		
4°	Surveillants	1,500 f. à 1,600 f.	Habillement	Bonne tenue, santé robuste	37 ans.	9

(1) Les sous-officiers qui désireront concourir pour les emplois de commissaire spécial de police et d'inspecteur spécial de la police des chemins de fer devront demander uniquement à entrer dans l'administration de la sûreté publique. Ce n'est qu'après un stage de six mois, rétribué sur le pied de 1,200 francs par an, pendant lequel ils auront le titre d'inspecteur spécial auxiliaire, qu'ils seront désignés par M. le Ministre de l'Intérieur, suivant leur aptitude, pour l'un ou l'autre de ces emplois. (Décret du 6 mars 1875.)

(2) Des instructions ont été adressées par M. le Ministre des Postes et des Télégraphes aux directeurs et agents du service télégraphique dans les départements pour permettre aux sous-officiers qui ont l'intention de se présenter comme candidats à cet emploi d'acquérir les connaissances spéciales nécessaires.

(3) Les candidats nommés à ces emplois ne peuvent, aux termes de la loi du 23 juillet 1881, cumuler un traitement militaire d'activité avec leur pension proportionnelle de retraite ou leur gratification de réforme, sauf dans le cas où cette pension aurait été accordée antérieurement à la loi précitée du 23 juillet 1881, c'est-à-dire en vertu de la loi du 10 juillet 1874, modifiée par celle du 13 mars 1875. (Avis du conseil d'Etat.)

(4) Les emplois portés au présent tableau ne sont affectés aux anciens sous-officiers de l'armée de terre qu'autant que l'administration de la Marine ne dispose pas, pour les occuper, d'un nombre suffisant d'anciens officiers mariniers ou sous-officiers de troupes de la marine.

(5) Les emplois de gardes-pêche, éclusiers et pontiers, gardes de navigation, maîtres et gardiens de phares, ne seront affectés aux anciens sous-officiers de l'armée qu'autant que l'administration de la Marine ne diposera pas pour les occuper d'un nombre suffisant d'officiers mariniers.

Paris et Limoges. — Imp. militaire H. CHARLES-LAVAUZELLE